Einführung in die Methoden nach der Lehre von Grigori Grabovoi

„Allgemeine Rettung und harmonische Entwicklung"

Svetlana Smirnova

und

Sergey Jelezky

Jelezky Publishing UG, Hamburg

www.jelezky-publishing.eu

1. Auflage

Deutsche Erstausgabe, Juli 2011

©2014 der deutschsprachigen Ausgabe
Jelezky publishing, Hamburg
Sergey Eletskiy
www.svet-centre.eu

Weitere Informationen zu den Inhalten:
SVET Zentrum, Hamburg

www.svet-centre.com

Umschlaggestaltung: Sergey Jelezky
www.jelezky.com

Herstellung und Verlag:
BoD - Books on Demand, Norderstedt
ISBN 978-3-7357-8754-5

Haftungsauschluß

Die hier zuvor gegebenen Informationen dienen der Information über Methoden zur Selbsthilfe, die auch für andere Menschen anwendbar sind. Die Methoden haben sich seit vielen Jahren bewährt, doch eine Erfolgsgarantie kann nicht übernommen werden. Die vorgestellten Methoden von Grigori Grabovoi sind mentale Methoden der Ereignissteuerung. Sie basieren auf der individuellen geistigen Entwicklung. Jeder, der diese Methoden für sich oder andere anwendet oder auch weitergibt, handelt in eigener Verantwortung.

Die Nutzung des hier vorgestellten Inhaltes ersetzt nicht den Arztbesuch und das ärztliche Tun in Form von Diagnose, Therapie und Verschreibungen. Auch die Absetzung verschriebener Medikamente darf aus dem Inhalt dieser Schrift nicht abgeleitet werden.

Wir möchten ausdrücklich darauf hinweisen, daß diese Steuerungen keine „Behandlung" im konventionellen Sinne darstellen und daher die Behandlung durch Ärzte nicht einschränken oder ersetzen sollen.

Im Zweifelsfall folgen Sie also den Anweisungen Ihres behandelnden Arztes, oder eines sonstigen Mediziners, oder Apothekers Ihres Vertrauens!
(Und erzielen dementsprechend die konventionellen Ergebnisse.)

Jelezky Publishing UG

Inhalt

1784121

Die Lehre von
Grigori Grabovoi
über die allgemeine Rettung,
harmonische Entwicklung
und Verhinderung der
globalen Katastrophen

1784121

Die Lehre von
Grigori Grabovoi
über die allgemeine Rettung,
harmonische Entwicklung
und Verhinderung der
globalen Katastrophen

„Mensch!

Du bist die Welt. Du bist die Ewigkeit.

Du hast unermessliche Kräfte.

Deine Möglichkeiten sind grenzenlos.

Du bist die Verkörperung des Schöpfers.

In Dir ist Sein Wille,

durch seine Bestimmung veränderst Du die Welt.

In Dir ist Seine Liebe,

Liebe alles Lebendige wie Er, der dich erschaffen hat.

Verbittere Dein Herz nicht, Denke gut, mach Gutes.

Das Gute wird mit Langlebigkeit zurückkehren.

Die Liebe wird Unsterblichkeit schenken,

der Glaube und die Hoffnung, Weisheit.

Mit dem Glauben und der Liebe

werden Deine unsichtbaren Kräfte aufleben.

Und Du wirst das erlangen, wovon du träumst

Unsterblichkeit, das ist das Gesicht des Lebens.

Genau so, wie das Leben, das ist Die Spur der Ewigkeit.

Erschaffe, um in der Ewigkeit zu leben.

Lebe, um die Ewigkeit zu erschaffen."

Grigori Grabovoi

Liebe Leser,

seit mehr als 11 Jahren beschäftigen wir uns nun schon sehr erfolgreich mit der Lehre und den entsprechenden Methoden und Technologien von Grigori Grabovoi. Dazu brachten wir im Jahre 2010 unsere erste Broschüre „Heilungsmethoden mit Hilfe des Bewusstseins" heraus, die vielen Menschen einen ersten Einblick in dieses Wissen in deutscher Sprache ermöglichte.

Mit dem jetzt vorliegenden Werk „Einführung in die Methoden nach der Lehre von Grigori Grabovoi" möchten wir unsere Arbeit fortsetzen und Sie noch besser über den Wert dieser Lehre informieren. Nach wie vor geht es dabei um die humanistische Grundauffassung der „Rettung und harmonischen Entwicklung der inneren und äußeren Welt", mit der Grabovoi die Menschen zum (Um-) Denken auffordert um, als treibende Kraft auf der Erde, den Lebensraum und die Lebensumstände für alle Beteiligten Wesen zu schützen und zu erhalten – Katastrophen vorzubeugen.

Im Verständnis der Lehre Grigori Grabovois kann jeder Mensch „Herr" seines Schicksal werden, indem man die Ereignisse seines Lebens – inklusive der individuellen und kollektiven Gesundheit – aktiv und über Seele, Geist und Bewusstsein, steuert. Auch diesen Zielen dienen die von uns angebotenen Seminare und die begleitende Literatur. Dabei geht es in der Praxis nicht so sehr um Meditationen sondern vielmehr um die bewusste Konzentration, das aktive, gezielte Denken in eine bestimmte Richtung, zur Bewältigung einer individuellen Aufgabe, die wir uns selbst stellen, die uns bewegt oder uns von höherer Stelle aufgegeben wurde. Teilaspekt dieser Aufgabe ist dabei immer auch das Allgemeine Wohl aller am Universum beteiligten Elemente, denn die Qualität unserer Gedanken im Rahmen der „Norm der Schöpfung" beschleunigt – oder verzögert – das Erreichen persönlicher Ergebnisse.

6

Im universellen Maßstab gibt es nur ein Ziel, ewige und unendliche Entwicklung im Bewusstsein der grenzenlosen Liebe Gottes, dessen Produkt wir sind und dessen Qualitäten auch wir in uns und unseren Handlungen entwickeln können und sollen. Wenn wir das verstehen, werden wir auch verstehen, dass alles immer auf beste Weise für uns geschieht. Grigori P. Grabovoi schreibt: **„Die (Lebens-) Aufgabe** besteht darin, das Wissen der Seele in eine logische Form zu übersetzen und diese bewusst zu verwenden".

Dafür braucht man das Wissen, das vom Schöpfer kommt! Alle Methoden der Rettung, der Selbstwiederherstellung und der Steuerung der eigenen Situation, die Grigori Grabovoi für die Menschen bereithält, sind auf dem einzigartigen Wissen gegründet, welches er vom Schöpfer erhalten hat. Wobei dieses einzigartige Wissen in den Termini und Begriffen der modernen Wissenschaft ausgedrückt ist. „Aber Grabovoi hat nicht nur Methoden zur Rettung der Menschheit geschaffen. Sein größter Verdienst besteht darin dass er, die feinstoffliche Welt untersuchend, Gesetze dieser Welt neu definiert. Die feinstoffliche Welt ist vielen Wissenschaftlern unbekannt, man kann aber mit dieser Welt arbeiten, wenn man über das Wissen ihrer Gesetzmäßigkeiten verfügt." (siehe auch: W. J. und T. S. Tichoplaw: «die Lehre von Grabovoi. Theorie und Praxis. Teil 2»)

In seinem Buch „Angewandte Strukturen der Ebene der schaffenden Informationen" beschreibt Grigori Grabovoi wie der Mensch aufgebaut („geschaffen") ist. Hier wird auch beschrieben, dass der Mensch durch seine geistigen Strukturen in direkter Beziehung und Wechselwirkung zum gesamten Universum (äußere Realität) steht. Im Verständnis dieser geistigen Beziehungen und Strukturen kommt man zur Erkenntnis, dass jeder Mensch direkt und untrennbar mit der ganzen Welt verbunden ist und durch sein Denken, Fühlen und Handeln als Ursache eine Wirkung (Veränderung) auf dieser hervorruft. Ebenso führt eine Veränderung der äußeren Realität auch zu einer Veränderung der inneren Realität beim Menschen.

Berücksichtigen wir nun die Entwicklung unseres Bewusstseins, so sind zum Beispiel alle unangenehmen Ereignisse – Krankheiten eingeschlossen – „Lehrstunden", die wir durchleben müssen um unser Bewusstsein zu strukturieren – zur erfolgreichen Realisierung der Aufgabe Gottes, ewiger, harmonischer Entwicklung der Realität.

Um Sie bei der erfolgreichen Realisierung Ihrer persönlichen Aufgaben zu unterstützen, haben wir diese zweite Broschüre zum besseren Verständnis der für den Laien nicht immer ganz einfachen Methoden Grabovois, geschrieben. Sie soll Ihnen helfen, sich in den gegebenen Methoden und Techniken besser zurechtzufinden und sie für sich – oder andere – erfolgreich anzuwenden. Dabei können Sie diese Methoden idealerweise präventiv oder im Sinne einer positiv zielorientierten Arbeit im Zustand persönlicher seelischer, geistiger und materiellerer Gesundheit, einsetzen und so individuell und allgemein eine Rettung und harmonische Entwicklung des großen Ganzen aktiv unterstützen. Gerne begleiten wir Sie auf diesem Weg mit unseren persönlichen Aufgaben!

Herzlichst!
Svetlana Smirnova   Sergey Eletskiy

SVET-Zentrum, Hamburg
(Private Academy for the Human Being)

„Die Lehre von Grigori Grabovoi über die Rettung und harmonische Entwicklung"

Ein Ziel der Lehre „die allgemeine Rettung und harmonische Entwicklung" von Grigori Grabovoi ist sowohl die allgemeine Rettung als auch die Rettung jeder Persönlichkeit; es geht um die Gewährleistung einer ewigen, schöpferischen und harmonischen Entwicklung. Eine Schwerpunktaufgabe der Lehre von Grigori Grabovoi ist die reale Verhinderung einer möglichen globalen Katastrophe.

„Die praktische Realisierung meiner Lehre ist darauf gegründet, dass die Schüler ihr Handeln zuerst mittels des Bewusstseins zur Rettung aller und zur Verhinderung einer globalen Katastrophe bestimmen und dadurch auch ihre persönlichen Aufgaben lösen. Dabei erstreckt sich das Licht des Bewusstseins auf die Lichtvorstellung eines beliebigen Ereignisses und auf dessen schöpferische Steuerung. Das bedeutet: Je öfter Sie die Methoden und Technologien der Lehre von Grigori Grabovoi für die Lösung Ihrer Aufgaben verwenden, desto besser ist das für die Rettung aller. Deshalb können Sie, indem Sie die Lehre von Grigori Grabovoi anwenden und verbreiten, schnellstmöglich ein erwünschtes Ergebnis bekommen, denn es gilt das Gesetz: „Jeder, der im Sinne aller handelt, erhält vom Schöpfer das Seine."
(Grigori Grabovoi: „Der grundlegende Kurs der Strukturierung des Bewusstseins")

Das ganze Universum besteht aus Objekten der Information, die ganze Welt ist ein sehr kompliziertes informatives System. Informationen spielen im Leben eines jeden Menschen eine grundlegende Rolle. Alle lebendigen Wesen auf der Erde befinden sich ab ihrer Geburt und bis zum Ende ihrer Existenz als Objekte der Information in einem informativen Feld. Das Leben auf der Erde wäre unmöglich, wenn die Lebewesen die aus der äußeren Umgebung erhaltenen Informationen nicht empfangen würden, wenn sie nicht verstehen würden, diese zu verarbeiten, zu verwenden und an andere Objekte der Information weiterzuleiten.

Alle Objekte in der Welt sind durch informative Beziehungen miteinander verbunden. Daher gilt: Ändert man eine beliebige Verbindung im Wesentlichen, so kann man das ganze System verändern. Grigori Grabovoi hat die bewusste Steuerung von Systemen entwickelt. Dabei steht die Einwirkung auf das informative System des Menschen über das Bewusstsein und die Wahrnehmung im Mittelpunkt. Laut Grabovoi besteht das Gesamtvolumen der Informationen aus den Informationen der Materie, des Bewusstseins und der äußeren Umgebung. Und nach dem Erhaltungssatz der Information bewirkt die Veränderung des Umfanges der Informationen einer dieser Formen die entsprechende Änderung der Informationen in den anderen Formen.

Der Mensch ist ein informatives Objekt, und so ist auch eine Krankheit ein informatives Objekt, und jede beliebige Situation stellt eine Gesamtheit der informativen Objekte und der Beziehungen ringsum dar. Der Mensch mit seinem Denkvermögen, das fähig ist, alles zu erschaffen, kann beliebige informative Objekte schaffen, sie mit den nötigen Qualitäten und Eigenschaften auffüllen und durch sie mit dem äußeren informativen Feld zusammenwirken. Mit einem Wort: Menschen steuern generell! Dabei sollte erwähnt werden, dass eine bestimmte – aber unbewusste – Steuerung von Informationen ständig von uns ausgeführt wird. Und genau diese Steuerung rettet uns vor Katastrophen und Kataklysmen (sehr großen, alles zerstörenden Katastrophen).

Wenn der Mensch seine persönliche Aufgabe mit der globalen Aufgabe zur Rettung aller bewusst vereint, so vollzieht sich ein Übergang vom physischen Niveau der Steuerung in das System des Denkens. Entsprechend der vorliegenden Technologie wird das Denken selbst zur Steuerung.

- Frage an Grigori Grabovoi: Was ist eine Krankheit?

- Eine Krankheit ist eine Nichtübereinstimmung der Wünsche, der Bedürfnisse mit den existierenden Aufgaben in der Welt. Krankheit muss man unter dem Gesichtspunkt der harmonischen Beziehungen in der Welt betrachten. Wenn irgendwo und in irgendetwas die Harmonie verletzt wird, so entsteht ein Unwohlsein.

- Grigori Grabovoi, was ist nach Ihrem Verständnis Gesundheit?

- Gesundheit ist ein Zustand der Realität, bei dem die Beziehungen zwischen dem Menschen und der äußeren Welt in größtmöglicher Harmonie sind. Gesundheit ist aber nicht nur der physische Zustand. Sie ist sowohl ein moralisches als auch ein soziales und sogar politisches Phänomen. Gesundheit ist ein System der Beziehungen, in dem der gesunde Körper existiert.
(G. P. Grabovoi: „Die Technologien der Rettung", Interview mit Grigori Grabovoi)

Im Laufe der Seminare bilden wir ein Wörterbuch der Termini, die in den Büchern und Seminaren von und über Grigori Grabovoi vorkommen. Dieses Wörterbuch hilft, den Sinn der dargelegten Informationen richtig zu verstehen. Die Deutung solcher Hauptbegriffe wie „Seele", „Geist", „Bewusstsein",

11

„Wahrnehmung" und „physischer Körper" wurde den Büchern und Vorlesungen von Grigori Grabovoi entnommen. Es handelt sich um grundlegende Schlüsselbegriffe, deren wahren Sinn man kaum in den Wörterbüchern des 20. Jahrhunderts finden dürfte.

Die Seele ist jene „Substanz", die vom Schöpfer entsprechend der Ewigkeit der Welt geschaffen wurde – ein ewiges Element der Welt. Die Seele ist unerschütterlich, sie existiert wie eine organisierende Struktur der Welt, und deshalb geht von ihr im Prinzip auch die Reproduktion solcher Begriffe wie der Geist aus. So kann man sagen, dass – in einem bestimmten Verständnis – die Handlungen der Seele Geist sind. Deshalb kann man, wenn man die geistige Basis in Richtung einer schöpferischen Entwicklung der Welt vervollkommnet, die Seele ändern. Eines der Prinzipien des „Wiederbelebens" besagt, dass ewiges Leben die Notwendigkeit der seelischen Entwicklung bedingt. In der Tat: Beim ewigen Leben – je nach Entwicklung des Menschen und der Gesellschaft – entstehen auch alle Aufgaben neu – bzw. es entstehen neue. Die Entwicklung der Seele ist also absolut notwendig, damit der Mensch diese neuen Herausforderungen adäquat meistern kann. Die Seele ist ein persönliches Werk des Schöpfers – sie ist das Licht des Schöpfers (der Schöpfung). Die Seele existiert in einem gewissen „absoluten" Raum, in dem Gott, der Schöpfer, sie geschaffen hat.

Das Bewusstsein ist eine Struktur, die der Seele erlaubt, den Körper zu steuern. Die Seele, deren materieller Teil der Körper ist, wirkt durch die Struktur des Bewusstseins mit der Realität zusammen. Im weiteren Sinne ist das Bewusstsein also eine Struktur, die die geistige und materielle Welt vereinigt. Durch eine Änderung des Bewusstseins kann man auch den Geist umwandeln und somit die Handlungen, was bedeutet: Weil die Seele Teil der Welt ist, ist sie in jedem beliebigen Ereignis anwesend. Die Veränderung des menschlichen Bewusstseins zieht somit eine Veränderung aller anderen Elemente der Welt nach sich. Die Entwicklung des Menschen, seine Vervollkommnung ist mit der Entwicklung seines Bewusstseins verbunden. Die Hauptaufgabe des Menschen besteht also in einer Veränderung seines Bewusstseinszustandes und im Aufstieg zu immer höheren Bewusstseinszuständen.

Ein Schlüsselterminus im Evangelium ist der Terminus „das Reich Gottes". Das Reich Gottes ist in erster Linie dieser höhere Bewusstseinszustand. Und der Aufstieg zu immer höheren Bewusstseinsniveaus ist der eigentliche Weg zu Gott. Hier zeigt sich auch die Bedeutung der Phrase „das Reich Gottes befindet sich in uns": Denn wenn „das Reich Gottes" ein höherer Bewusstseinszustand ist, dann ist es auch in uns. Und wenn Jesus immer wieder sagt „Wacht auf", dann meint er das im direkten Wortsinn, weil der gewöhnliche Wachzustand im Vergleich zu den höheren Bewusstseinszuständen einen tiefen Traumzustand darstellt – vergleichbar mit dem Träumen im Wachzustand und dem Träumen im Schlafzustand.

Das wahrhafte Bewusstsein ist ein Bewusstsein, das die Realität der Welt im unendlichen Raum-/Zeitkontinuum widerspiegelt. Dieses Bewusstsein ermöglicht uns ewig zu leben und uns ewig zu entwickeln. Das wahrhafte Bewusstsein spiegelt das System der Entwicklung der Welt in einer unendlichen Zeit und in einem ebensolchen Raum adäquat wider und verfügt über die Eigenschaft der Reflexion der ganzen Realität in jedem Segment – es ist das Prinzip der Holografie. Das wahrhafte Bewusstsein entwickelt sich mit der geistigen Entwicklung. Dabei darf man nicht vergessen, dass sogar die winzigste Zelle mit dem ganzen Makrokosmos verbunden ist. Und Veränderungen auf der Mikroebene können, nach dem Gesetz der allgemeinen Beziehungen, auf die

Makroebene übergehen.

Das erweiterte Bewusstsein ist ein Zustand, bei dem sich die Wahrnehmung erweitert und beginnt, das gesamte Niveau des Bewusstseins zu erfassen.

Die Wahrnehmung ist ein Teil des Bewusstseins, ein steuerndes Instrument, welches die Realität in das individuelle Bewusstsein projiziert.

Die Materie ist die Vergangenheit des Bewusstseins.

Konzentrationsübungen und Steuerung von Information
zur Wiederherstellung der Norm

Die Konzentration des eigenen Bewusstseins kann zu einer radikalen Veränderung der Struktur der ganzen Welt führen.

Mithilfe der Konzentration des Bewusstseins beispielsweise auf irgendein Organ des Körpers kann man den Zustand dieses Organs ändern, es gesund machen.

Je nach der Arbeit des Menschen an sich selbst, je nach seiner Entwicklung, je nach seiner geistigen Größe erfolgt eine immer größere und größere Konzentration seines Bewusstseins.

Die Konzentration des Bewusstseins bedeutet hier die Steigerung der Informationsdichte, die Vergrößerung des Bestands an Informationen in der Einheit des Raums.

Wenn im Laufe der Entwicklung des Menschen die Konzentration seines Bewusstseins in irgendeinem Raum einen bestimmten Wert erreicht, so beginnt dieser Raum, sich diesem Menschen unterzuordnen, beginnt sich dessen Bewusstsein, diesem Menschen unterzuordnen. In einer solchen Situation ändert sich auch die Struktur der Welt: Nicht die Welt bestimmt die Struktur des Menschen, sondern der Mensch gibt den Ton an.

Wenn die Konzentration des Bewusstseins größer sein wird als die Konzentration der Materie, zum Beispiel eines Autos, so wird der Mensch uneinnehmbar sein, er wird unzerstörbar sein. Gedanken, Worte und Handlungen des Menschen werden zum grundlegenden Element; Autos, Gebäude, Planeten und andere materielle Objekte hingegen werden zum zweitrangigen Element. Dies ist dann die nächste Ebene des Daseins.

Genau dazu gebe ich Wissen weiter, neue Erkenntnisse, damit die Menschen

nach Aneignung dieses neuen Wissenssystems zur Steuerung der Welten über-
gehen können.

Das wird eine ganz andere Ebene des Daseins sein. Es wird dort keine Verwe-
sung mehr stattfinden, dort werden ganz andere Prozesse ablaufen. Es werden
Prozesse der Erneuerung der Welten sein, das heißt Prozesse, bei denen das
Ewige mehr Ewiges gebiert, bei denen der Status der Ewigkeit in den Status
der nächsten Ewigkeit übertragen wird.

In diesem Fall erfolgt eine starke Komprimierung des Bewusstseins, was die
Geschwindigkeit des Informationsaustauschs erheblich steigert, sodass im
Endergebnis ganz andere Strukturen entstehen: Strukturen des höchsten Be-
wusstseins, Strukturen des höchsten Lebens. Auf dieser Ebene ist zum Beispiel
der Gedanke die Handlung und die Handlung ist der Gedanke.

Grigori Grabovoi

· Unser Bewusstsein besitzt eine große Schaffenskraft; durch das Bewusstsein finden Schaffensprozesse und die Steuerung des physischen Körpers
statt, und unsere Seele ist dabei die Struktur, die alles lenkt.

· Wenn man beginnt, mit den Techniken zur Steuerung der Realität zu
arbeiten, sollte das unter der maximalen Aktivierung aller inneren Ressourcen
erfolgen.

· Während der Konzentration müssen Sie sich ständig das Ziel ins
Gedächtnis rufen, das Sie erreichen wollen. Dieses Ziel kann die Verwirkli-
chung eines erwünschten Ereignisses sein, einschließlich der Beseitigung einer
Krankheit.

·   Stellen Sie sich geistig darauf ein, die für Sie notwendigen Ereignisse so zu schaffen, wie es auch der Schöpfer macht.

·   Während der Konzentration müssen Sie danach streben zu spüren, wie das Licht Ihrer Seele durch das dritte Auge in einem hellen Strahl das Objekt der Konzentration beleuchtet; dabei steigt die Wirkung durch die Steuerung der Realität.

Methoden der Arbeit mit dem Buch von Grigori Grabovoi „Wiederherstellung des menschlichen Organismus durch Konzentration auf Zahlen"

Zahlen sind nicht nur mathematische Zeichen, sondern auch Energie des Schöpfers. Durch die Arbeit mit einer einzelnen Zahl oder einer Reihe von Zahlen kann Heilung erfolgen.

Man kann zum Beispiel aus dem Buch von Grigori Grabovoi eine zur Heilunterstützung einer Erkrankung entsprechende Zahlenreihe auswählen, sie in eine Sphäre legen, diese gedanklich bis auf den Umfang eines Streichholzkopfs reduzieren, die heilsamen Schwingungen in den Körper aufnehmen und sie dort eine Zeitlang belassen.

Es ist auch möglich, sich die Zahlen und Zahlenreihen in unterschiedlichem Licht und in verschiedenen Farben vorzustellen.

Alle Konzentrationsübungen muss man im Zustand der Inspiration machen, das heißt, man muss in den Zustand des Geistes eingetreten sein.

Normierung des Körpergewichts

1. Setzen Sie die Zahlenreihe 4812412 (Übergewicht) in eine kleine Sphäre ein.

2. Pressen Sie die Sphäre bis zu einem Punkt zusammen und führen Sie sie gedanklich in den Bauch ein.

3. Die Zahlenreihe 1823451 (Stoffwechselkrankheiten) setzen Sie in eine andere kleine Sphäre ein und führen diese gedanklich in die Hypophyse ein.

Wiederherstellung der Sehfähigkeit

Erste Variante:

1. Setzen Sie die, die Sehkraft regulierende Zahlenreihe 1891014 (Augenkrankheiten) in die Sphäre ein.

2. Pressen Sie die Sphäre bis auf die Größe eines Tennisballs zusammen und führen Sie sie gedanklich in Ihren Kopf ein.

3. Nehmen Sie Ihre Brille ab und stellen Sie sich vor, wie silbrig-weißes Licht von der Sphäre wie ein Scheinwerfer aus Ihren Augen leuchtet.

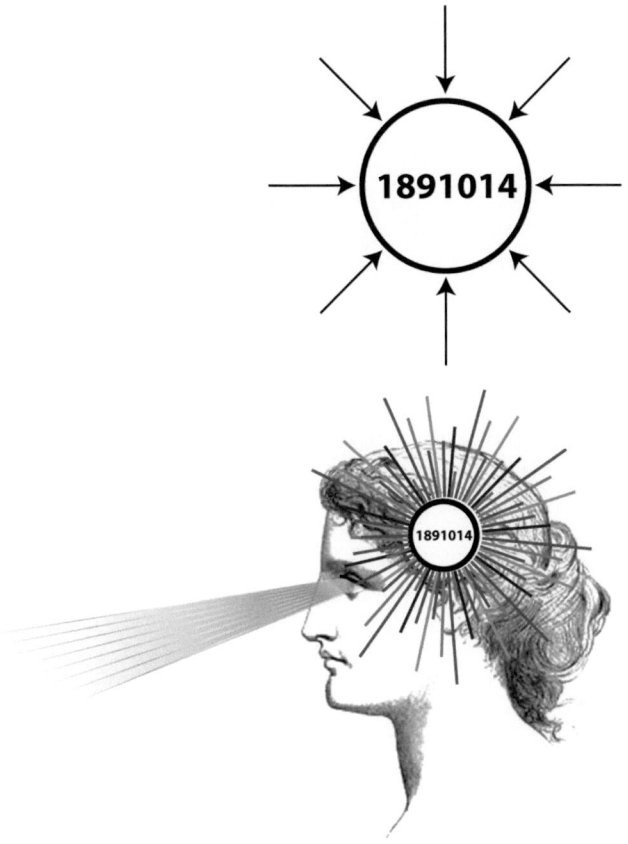

Zweite Variante:

Führen Sie eine Retterzelle (siehe „Erschaffung von Retterzellen") – unabhängig von der Art der Erkrankung Ihres Auges – gedanklich in den Augapfel ein und vermehren Sie die Rettungszelle im Uhrzeigersinn.

Die kranken Zellen werden auf diese Weise von den Rettungszellen mit Norminformation versorgt, die zur Wiederherstellung normaler Sehkraft beiträgt

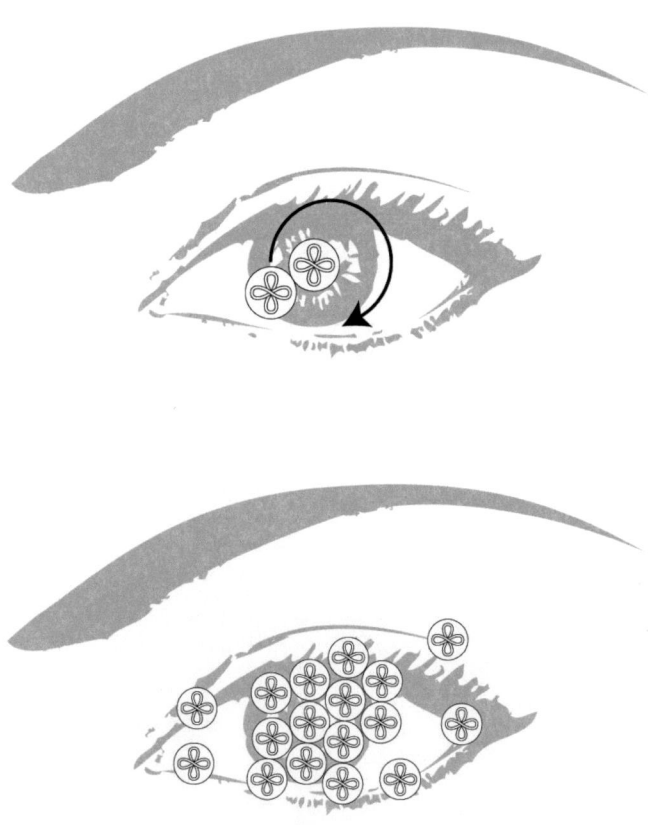

Technologien zur Verjüngung

1.) Konzentration auf ein Foto

Sie nehmen ein Foto von sich, auf dem Sie jung und glücklich sind, Sie halten es vor sich auf Augenhöhe. Im Raum zwischen Ihrem Gesicht und dem Foto auf der Ebene der Stirn stellen Sie sich die folgenden Zahlenreihen vor und konzentrieren sich auf sie:

2145432   und   2213445

Zusätzlich können Sie diese Zahlenreihen mit silbrig-weißem Licht beleuchten. Wenn es für Sie bequemer ist, können Sie die Zahlen auch auf das Foto – und zwar etwas über Kopfhöhe – schreiben. Während der Konzentration erinnern Sie sich an die glücklichsten Momente in Ihrer Jugend und Gegenwart und malen sich glückliche Momente in der Zukunft aus. Man kann diese Übung mehrmals am Tag wiederholen, bis diese Vorstellung im Bewusstsein gefestigt sind.

FOTO

2145432
UND
2213445

2.) Konzentration auf Pflanzen

1234814 und 1421384

Jede Zahl legen Sie gedanklich auf das Blatt eines Baumes oder einer Pflanze oder auf den Zweig eines Baumes. Rechts daneben stellen Sie sich gedanklich selbst hin, und zwar in einer Form, in der Sie sich selbst am besten gefallen.

Bei dieser Konzentration wird die Methode der Widerspiegelung verwendet. Der Sinn ist folgender: Es erfolgt die Konzentration auf eine Pflanze. Die Pflanze kann physisch sein, so wie sie in der äußeren Realität existiert. Dann können Sie sich während der Konzentration die Pflanze einfach anschauen. Oder Sie können sich die Pflanze gedanklich vorstellen. Dann konzentrieren Sie sich auf die Gestalt der Pflanze. Während Sie sich auf die ausgewählte Pflanze konzentrieren, stellen Sie sich vor, wie sich in dem Licht, das von der Pflanze widergespiegelt wird, das gewünschte Ereignis formt. Besser gesagt: Sie stellen sich dieses Ereignis nicht nur vor, Sie sehen es „real" vor sich, Sie bauen es „real" vor sich auf. Ein mithilfe dieser Übung aufgebautes Ereignis wird harmonisch. Hilfreich für diesen Prozess ist auch, dass die Pflanze in dieser Welt schon in Harmonie existiert.

3.) Konzentration auf Steine

8275432 und 8223745

Diese Zahlenreihen projizieren Sie auf Steine und stellen sich ein Bild vor, auf dem Sie gesund, jung und glücklich sind.

Sie konzentrieren sich auf Kristalle oder Steine – oder auch nur auf ein Sand-
körnchen; das reicht vollkommen. Angenommen, Sie haben sich irgendeinen
Stein ausgesucht. Dann stellen Sie sich um diesen Stein herum eine Sphäre vor,
während Sie sich auf ihn konzentrieren. Das ist die Informationssphäre. Vor
Ihrem geistigen Auge sehen Sie, wie in dieser Sphäre alle Ereignisse, so wie sie
brauchen, erscheinen. ,. Sie legen die von Ihnen benötigten Ereignisse einfach
in diese Sphäre hinein.

(aus Grigori Grabovoi, „Konzentrationsübungen", ISBN: 978-3-9811098-2-5)

Methoden für die Arbeit mit Zahlen

Wenn wir in einer beliebigen Situation arbeiten, sprechen wir von der „Norm". Aber was ist diese Norm? Es ist wichtig, dass uns das immer bewusst ist: Die Norm ist eine harmonische Entwicklung, die allgemeine Rettung, der Zustand der Ewigkeit und der Zustand der Liebe – entsprechend der Norm der Schöpfung (des Schöpfers).

Technologie 1:

Das Auspressen eines Ergebnisses/Ereignisses/Zieles aus einer Zahl

a)   Sie stellen sich eine Zahl wie eine räumliche Form vor. Sie wählen die Zahl selbst aus (zum Beispiel die 1):

Dann schreiben Sie gedanklich in diese Zahl die Information über ein Ereignis, ein Ergebnis oder ein Ziel, das Sie erreichen wollen.

Anschließend pressen Sie diese Struktur von allen Seiten zu einem Punkt zusammen. Dieser Prozess der Kompression quetscht gewissermaßen das gewünschte Ergebnis heraus, und es erscheint in der Realität.

b)   Wenn Sie nicht so gut visualisieren können, können Sie folgende Methode anwenden:

Sie nehmen ein Blatt Papier, zeichnen die Zahl als Grafik auf und schreiben Ihr gewünschtes Ergebnis in das Innere dieser Zahl (siehe Grafik: „Information").

Anschließend pressen Sie das Papier zu einer Kugel zusammen. Sie erhalten das gleiche Resultat: Das Ergebnis wird herausgequetscht und manifestiert sich.

Ist der Prozess der „Normierung" einmal initialisiert, entwickelt sich die Normierung automatisch weiter. Darin liegt der Schlüssel!

Sie müssen es idealer Weise so machen, wie es der Schöpfer macht – ein für alle Mal (so hat er die Welt erschaffen). Deshalb machen Sie sich bewusst, dass Sie das auch ein für alle Mal machen!

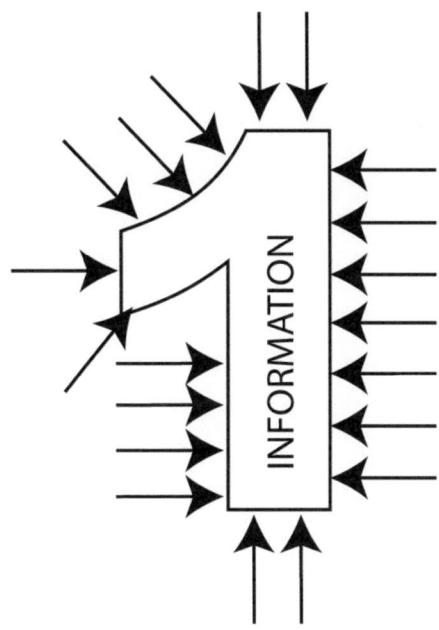

Frage: *Wenn wir die Zahlenreihen von Grabovoi bei verschiedenen Krankheiten verwenden, worauf müssen wir uns konzentrieren?*

Antwort: *Sie konzentrieren sich nicht auf die Krankheit, sondern auf die Norm, das heißt auf jene Information, die zum Zustand dieser Norm (der Schöpfung) führt. Diese ist ursprünglich in den Zahlenreihen vorhanden, weil die Zahlen selbst Ewigkeit und Norm sind. Das heißt: das ewige Leben, die harmonische Entwicklung und allgemeine Rettung.*

Grabovoi hat seine Lehre über die Rettung und harmonische Entwicklung entsprechend der Norm der Schöpfung ausgerichtet und entsprechend trägt auch jede Zahlenreihe die Information nach der Norm der Schöpfung in sich. Deshalb konzentrieren Sie sich auf die Norm!

Technologie Nr. 2:
Die Steuerung von Ereignissen mithilfe der Zahl Acht (8)

Wenn man die Zahl Acht in zwei Ebenen, in eine obere und eine untere, teilt (man kann es mit jeder beliebigen Zahl machen, aber die Zahl 8 ist optimal), legt man im oberen Teil den Zustand der Norm des Schöpfers fest – entsprechend der Lehre von Grabovoi – und im unteren Teil die Lösung einer Aufgabe, eine Zieles, eines gewünschten Ergebnisses.

Damit das Ereignis verwirklicht wird, tragen Sie in den unteren Teil der Acht Zahlen ein:

- Die **Eins** (1) steht für den **Anfang der Handlung** (unsere Entscheidung dazu), damit das Ereignis mit einem positiven Effekt besetzt ist.

- Die **Zwei** (2) steht für **die Handlung selbst** (für unsere Aktivität im

Zusammenhang damit), im Sinne einer zielführenden Handlungsweise.

• Die **Drei (3)** steht für das **Resultat unserer Handlung** (für das gewünschte Ergebnis unserer Aktivität), den Ausgang im Sinne der Norm der Schöpfung.

• Die Zahlen **Vier (4)** bis **Neun (9)** stehen für die **Entwicklung der Ereignisse** („undeutliche Prozesse", „Unwägbarkeiten") im Rahmen unserer Aktivität, da es sein kann, dass wir im Verlauf unserer Aktivität verschiedene (mehrere) Schritte oder Handlungsvarianten ausführen müssen, um das gesteckte Ziel zu erreichen. Das hängt von der Wechselwirkung des Menschen, von inneren und äußeren Aspekten, von der Form des Menschen, von seinen Lebensumständen ab.

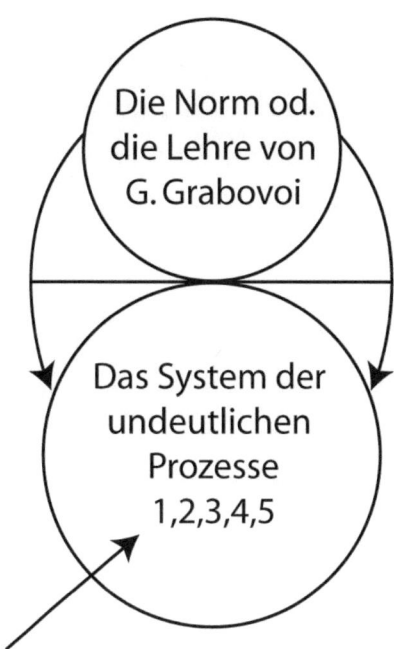

Beispiel: Wir möchten den Pkw-Führerschein machen.

In den oberen Teil der 8 tragen wir „Norm" (entsprechend der Schöpfung) ein – ohne diesen Normzustand genau zu kennen.

In den unten Teil tragen wir 1) entsprechend unserem Wunsch „möchte Führerschein haben", 2) dazu muss ich „Fahrstunden und Prüfungen machen" und 3) „ich habe den Führerschein" ein. Dazu tragen wir die Zahlen 4) bis 9) für weitere – eventuell – damit verbundene Schritte ein. Damit haben wir die unsicheren Varianten „entschärft", und wir können entspannt an die Aufgabe herangehen.

Technologie Nr. 3:
Konzentration auf die Zahl Drei

Diese Technologie stützt sich auf unsere Logik und auf eine deutliche Wahrnehmung der Realität, wenn wir genau wissen, dass es eine Zukunft gibt. Wenn Sie den logischen Faden genau aufgebaut haben, haben Sie auf der Ebene der Logik ein Ereignis geschaffen.

Sie bereiten sich gezielt auf das Ergebnis einer Aktivität vor. Sie wissen genau, welches Ergebnis sie erhalten werden, ohne die detaillierten Schritte bis dahin zu kennen. Sie wissen, dass die Zahl **Drei** die Logik einer beliebigen vorangegangenen Handlung beinhaltet. So sind Sie in der Lage, eine beliebige Situation zu normieren. Das Ergebnis wird eines sein, welches Ihnen zumindest bestimmte Kenntnisse in Bezug auf das gewünschte Ergebnis liefern wird.

Die Konzentration auf die Zahl Drei schafft Varianten der logischen Entwick-

28

lung. In der Zahl Drei kreuzt sich die Logik des Schöpfers mit der Logik des Menschen.

Beispiel: Sie planen eine Urlaubsreise.

Sie planen Ihre Reise bis zu dem Zeitpunkt, zu dem Sie wieder gesund und glücklich zu Hause sind – nachdem Sie einen wunderbaren Urlaub gehabt haben –, und Ihr Leben sich positiv weiterentwickelt. Das bedeutet, Sie konzentrieren sich auf das folgerichtige Ergebnis aus Ihrem Urlaub: auf die Erholung und das glückliche Weiterleben mit neuen Zielen.

Methoden zur Steuerung der Realität über die Farben der Wahrnehmungselemente

Die Farbe ist das Charakteristikum, das dem geistigen Aspekt des Menschen am meisten entspricht; dies hängt damit zusammen, dass eine Farbe als unendliche Größe wahrgenommen wird. Wenn der Mensch mit Farben arbeitet, nimmt er tatsächlich Einfluss auf das unendliche System der Verbindungen auf Informationsebene. Die „Sprache" der Farbe ist ein zuverlässiges Instrument zur Selbsterkenntnis des Menschen. Unser Verhalten, unser Zustand, unsere Gesundheit und unsere Stimmung sind abhängig vom Farbspektrum unserer Umwelt.

Durch die Wirkung von dieser oder jener Farbe auf den Organismus, das heißt durch die Schwingung in der entsprechenden Frequenz, kann ein erkranktes Organ, das sich in Disharmonie befindet, wieder in den Normzustand versetzt werden.

Der Kern der Methodik besteht darin, dass die Farbe, die Ihnen am meisten zusagt, Informationen liefert, und zwar über die „Lehre von der Rettung und harmonischen Entwicklung" von Grigori Grabovoi: Durch die Auswahl weiterer Farben neben dieser zuerst selektierten wird das Ziel der Steuerung der Realität verwirklicht – so, als würden die Farben in Harmonie miteinander verschmelzen. In genau diesem Augenblick wird die Norm des Ereignisses gesetzt.

Die Technologie:

Konzentration auf eine ausgewählte Farbe

Konzentrieren Sie sich und stellen Sie sich zu Ihrer linken Seite eine silbrig weiße Lichtsäule vor, die nach oben führt. In Gedanken verbinden Sie die Lichtsäule mit der „Lehre von der Rettung und harmonischen Entwicklung" von Grigori Grabovoi.

Zu Ihrer Rechten stellen Sie sich eine Lichtsäule in einer beliebigen anderen hellen Farbe vor (z. B. Gold, Flieder, Rosé), und legen Sie gedanklich eine genau formulierte Aufgabe oder ein Problem in diese Lichtsäule hinein (beispielsweise die Veränderung einer Situation). Benennen Sie Fristen und mögliche Varianten zur Lösung dieser Aufgabe. Konzentrieren Sie sich und visualisieren Sie die beiden Lichtsäulen, die nach oben, in die Unendlichkeit führen und dort miteinander verschmelzen. Sie bilden einen gemeinsamen Lichtstrahl, der beide Farben enthält und der wiederum von oben auf Sie herunterscheint.

„Versuchen Sie, weiter nach oben zu sehen, wenn sich in dem Licht, das von oben hinabfällt, die Farben vereinigen; das heißt, es besitzt eine Struktur, die sowohl die Farbe der Lehre als auch Ihre eigene Farbe enthält. Und versuchen Sie, den Raum um sich herum mit dieser Farbe auszufüllen, das heißt, bemühen Sie sich, nach Ihrer eigenen Aufgabe auch die Aufgaben anderer zu lösen. Sobald Sie diese von oben herabfallende Farbe visualisieren, stellen Sie praktisch fest, dass Sie die Ziele einer Steuerung in Bezug auf Ihre persönliche Aufgabe durch die Makrorettung, also durch eine Rettung aller, verwirklicht haben.

31

Sobald das obere Licht beginnt, schneller zu strömen, denken Sie sofort daran, wie dieses Wissen weitergegeben werden kann, das heißt, Sie steuern zielgerichtet die Weitergabe des Wissens. Ihre Weitergabe sollte beständig sein, Sie sollten sicher sein, dass Sie beispielsweise zur Lösung Ihrer Aufgaben alles richtig gemacht haben. Positionieren Sie diese Aufgabe auch zu Ihrer rechten Seite, und Sie werden sehen, dass Sie den Raum um sich herum als solchen nicht wahrnehmen werden, da Sie in erster Linie im Gedankensystem arbeiten. "

Grigori Grabovoi

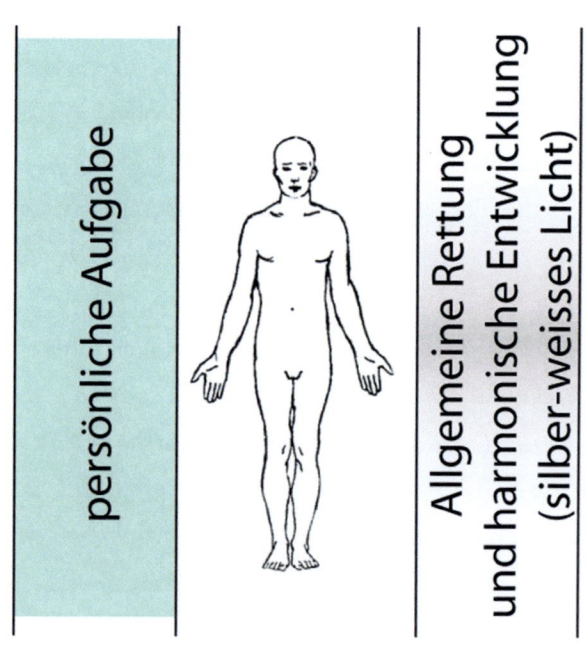

Abb. 1

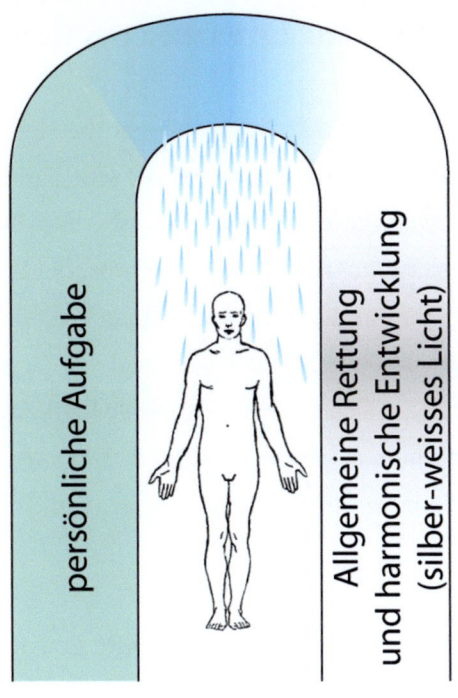

Abb. 2

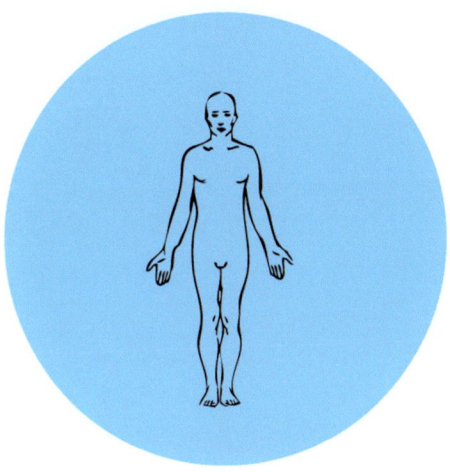

Abb. 3

Konzentration auf die Farben des Regenbogens

Um sich einer Krankheit zu entledigen, müssen Sie sich auf das Farbspektrum des Regenbogens konzentrieren, wobei Sie eine Farbe nach der nächsten durchgehen. Sie müssen die einprägsamste Farbe auswählen und sich drei-fünf Minuten lang darauf konzentrieren. Die Farbe, die Ihre Aufmerksamkeit am meisten erregt, wird das entsprechende Organ beeinflussen, die Frequenz seiner Schwingungen zu ändern; die Farbe wird das Organ in den Normzustand versetzen. Wenn Sie sich auf eine bestimmte Farbe konzentrieren, die sie mithilfe Ihrer Wahrnehmung geschaffen haben, überträgt sich die Informationswirkung dieser Farbe auf das erkrankte Organ, und Sie heilen es auf diese Weise.

„Es ist notwendig, sich ab 22 Uhr innerhalb einer Stunde mehrmals zu konzentrieren."

Grigori Grabovoi

Diagnostik mit Hilfe der weißen Farbe

Im Menschen existiert ein Informationszentrum, das mit den Informationen der Mikro- und Makroebene in einer Wechselbeziehung auf Zellebene steht. In jeder Zelle finden gewisse Mikroprozesse statt, die von der Funktionsstruktur der Zelle bestimmt werden, und es besteht eine Wechselwirkung der Zelle mit ihren Segmenten und mit der gesamten Umwelt.

Wenn die Elementarzelle in eine Million Elemente geteilt wird, so wirkt jedes Element mit der gesamten Umwelt und mit jedem Element des Organismus zusammen. Jedes Element der Zelle kann noch einmal in eine Million Elemente geteilt werden. Dann entsteht der Eindruck eines Lichtvakuums, das heißt, es erscheint eine weiße Farbe, die der ursprünglichen Norm entspricht.

Die Quelle jeglicher Erkrankungen, beispielsweise von Geschwulstbildungen, wird auch durch das Lichtspektrum bestimmt. Wenn man in seiner Wahrnehmung den Organismus vor dem Hintergrund der Struktur der weißen Farbe betrachtet, so ist das Erscheinen jedweder anderen Farbe kennzeichnend für eine Veränderung der Informationen im Organismus. Und diese Veränderung sagt etwas über das Vorhandensein einer bestimmten Krankheit aus. Der Mensch im ursprünglichen, kanonischen Zustand hat keine Krankheiten. Sein Organismus ist eine geschlossene Struktur. Der ganze Körper, alle Organe, alle Zellen des Menschen befinden sich in der Informationssphäre. Krankheit ist eine Information von außen. Irgendwo auf der äußeren Oberfläche der Informationssphäre des Menschen ist ein „Eintrittspunkt" entstanden, und die Informationen der Krankheit sind in diese Sphäre eingedrungen.

Für eine ständige Diagnostik wird folgende Methode empfohlen:

„Bevor Sie sich schlafen legen, konzentrieren Sie sich auf Ihr rechtes Ohrläppchen und richten Sie sich auf die Wahrnehmung weißer Farbe ein. Jede Abweichung von der weißen Farbe im Traum, ohne weiteren Aufwand geistiger Energie, kann zur Kontrolle über den Gesundheitszustand führen. "

Grigori Grabovoi

Durch die geistige Entwicklung verringern sich die inneren Störungen.

Durch die Auslese verschiedener Farben kann man sich selbst heilen, seine Kräfte regenerieren, oder anderen helfen. Sie werden bemerken, wie Sie sich verändern oder wie sich der Mensch verändert, dem Sie helfen. Begeben Sie sich auf die Gefühlsebene und spüren Sie, dass jede Situation ihren eigenen Geschmack, ihren eigenen Geruch, ihre eigene Farbe hat. Arbeiten Sie mit einer positiven Einstellung – und Ihre positiven Schwingungen werden zunehmen.

1.   Stellen Sie sich der Reihe nach die Farben des Regenbogens vor. Wenn Ihr Blick an irgendeiner Farbe hängen bleibt, dann ist es möglich, dass Sie diese Farbe in diesem Augenblick brauchen. Konzentrieren Sie sich fünf Minuten darauf, leiten Sie diese Farbe durch sich hindurch und spüren Sie, wie Sie sich dabei fühlen.

Verwenden Sie diese Farbe in Ihrer Kleidung.

Diese Methode ist sehr effektiv. Sie werden bemerken, wie sie ihre Wirkung entfaltet, wenn Sie sie lange genug praktizieren.

Steuerung der Ereignisse mit Hilfe von Schallwellen

Wir konzentrieren uns jeweils auf ein kollektives und ein individuelles Ziel – entsprechend der Norm bzw. der „allgemeinen Rettung und harmonischen Entwicklung" – und schicken unsere damit verbundene Information mit einem beliebigen Tonsignal zur Manifestation ins Universum. Töne haben elektromagnetische Charakteristika und der Schall verbreitet sich wellenförmig in der Unendlichkeit.

Beispiel: Wir stehen in der Natur und hören das Rauschen des Windes in den Bäumen. Wir richten unsere Konzentration auf die oben genannten Ziele und schicken unsere Gedankeninformation mit den Schallwellen, die von den im Wind rauschenden Bäumen, Blättern und Zweigen produziert werden, ins Universum.

Die Information unserer Gedanken verbreitet sich und wirkt mit „unendlicher" Kraft im Universum zugunsten der Wiederherstellung der Norm.

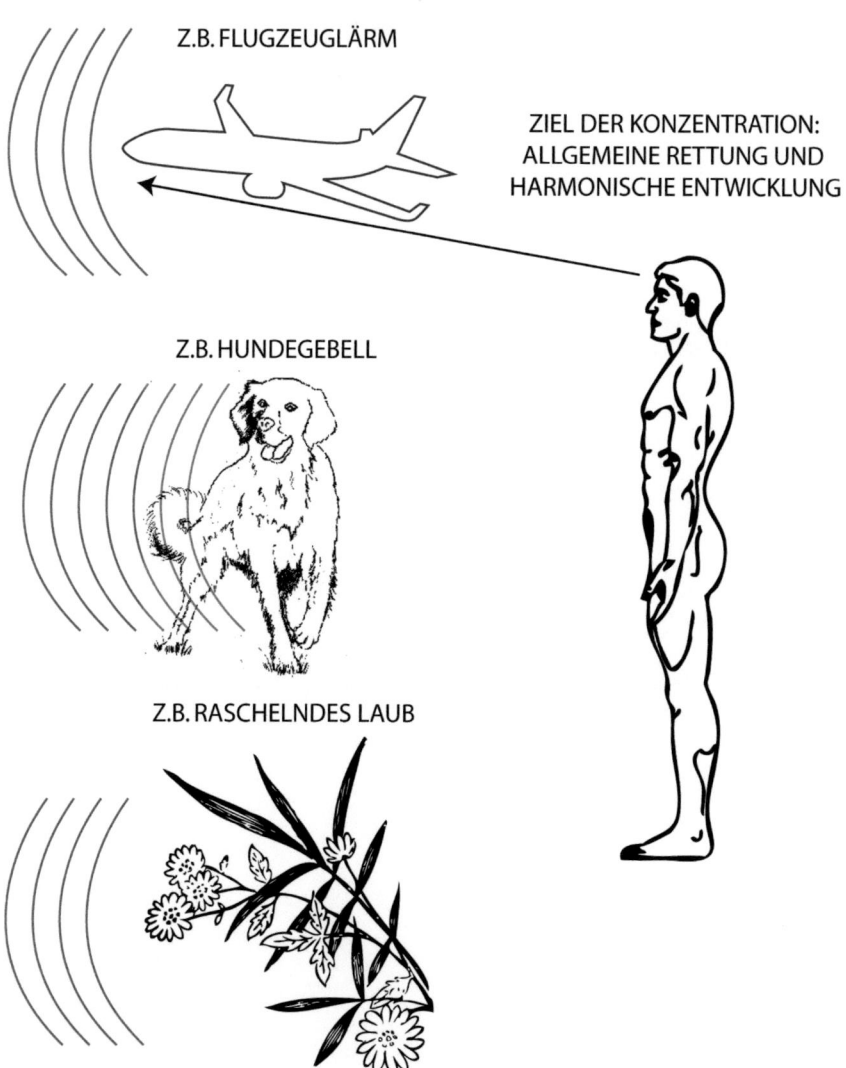

Z.B. FLUGZEUGLÄRM

ZIEL DER KONZENTRATION:
ALLGEMEINE RETTUNG UND
HARMONISCHE ENTWICKLUNG

Z.B. HUNDEGEBELL

Z.B. RASCHELNDES LAUB

Die Arbeit mit Sphären und anderen geometrischen Formen

Steuerung von Ereignissen mit Hilfe eines Doppelkonus

Zuerst konstruieren wir mental einen gleichseitigen Doppelkonus (Prinzip der Sanduhr) mit der Öffnungsgröße eines Rings, der bei der Verbindung von Zeigefinger und Daumen entsteht. Wir konzentrieren uns auf ein individuelles Ziel und schicken die Information in die rechte Seite dieses Doppeltrichters. In das Verbindungsteil stellen wir gleichzeitig eine Acht (8) als Zeichen der Ewigkeit. Die Acht bestrahlen wir zur Verstärkung mit silbrig-weißem Licht. Unsere Information gelangt zum Verbindungsteil, wird dort zur Norm umgewandelt und verlässt den Trichter auf der linken Seite wieder – in die Realität. Die Dichte der eingegebenen Information ist gleich der Dichte der ausgehenden Information. Durch die Nutzung der Acht erlangt die Umwandlung ewige Wirkung. Ist die Umwandlung erfolgt, löst sich die genutzte Konstruktion automatisch auf.

Rechter Konus: Eingang für Ereignisse, die umgewandelt werden sollen (Krankheit, Schmerz, Arbeitslosigkeit, Beziehungsprobleme).

Linker Konus: Ausgang für zur Norm gewandelte Ereignisse (Gesundheit, Wohlbefinden, befriedigende Arbeit, harmonische Beziehungen).

Verbindungspunkt: Ort der Wandlung der eingegebenen Information – zur Norm.

Beispiel „Bluthochdruck":

Wir sehen den Doppelkonus im 90°-Winkel vor uns. In das Verbindungsteil stellen wir gleichzeitig eine Acht (8) und bestrahlen sie mit silbrig-weißem Licht. Wir drehen den Doppelkonus im Uhrzeigersinn zu uns, sodass der rechte Trichter auf unseren Körper zeigt. Wir entlassen die Information „Bluthochdruck" mental in diesen Trichter („Vakuumprinzip") und zum Verbindungspunkt, wo sie zur Norm (= „normaler Blutdruck") gewandelt wird. Parallel dazu sprechen wir – mental – aus:

„Wiederherstellung des Blutdrucks auf Zellebene,
zur Norm des Schöpfers."

Die Information „normaler Blutdruck" verlässt den gegenüberliegenden (linken) Trichter in derselben Informationsdichte, in der sie eingegeben wurde, und sie verbreitet sich im Universum.

Doppelkonus

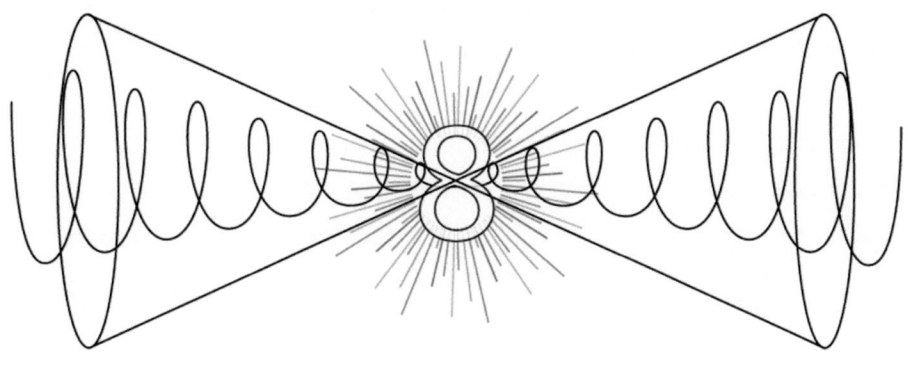

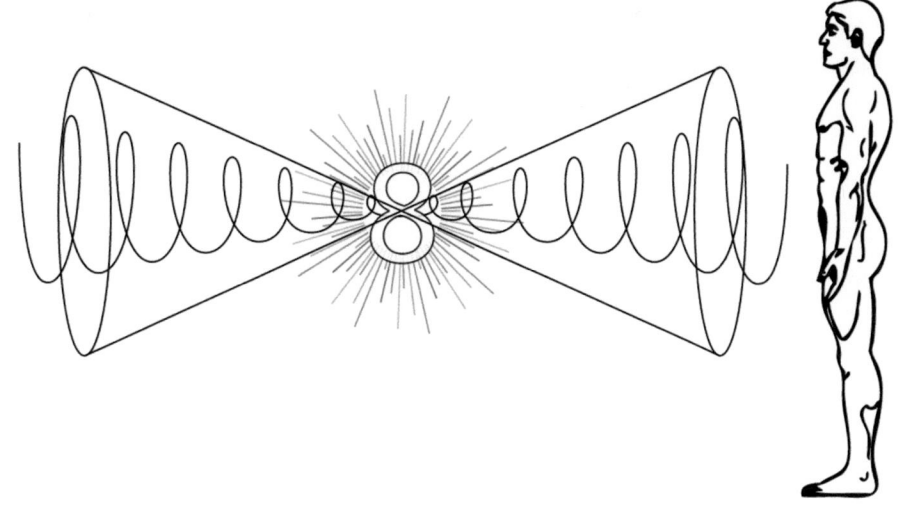

Erschaffung von Retterzellen

Stellen Sie sich mehrere Sphären vor, die Sie umgeben.
Das sind die Segmente des Bewusstseins.

In der Nähe – die **nahen Bewusstseinssegmente.**
Weiter entfernt – die **fernen Bewusstseinssegmente.**
Noch weiter entfernt – die **am weitesten entfernten Bewusstseinssegmente** (in der Nähe des Polarsterns).

Bestimmen Sie eine dieser Sphären (Segmente) zur . Retterzelle mit lebendiger Materie.

Eines der am weitesten entfernten (superfernen) Bewusstseinssegmente leuchtet auf, wie ein Funke.
Holen Sie die Sphäre näher zu sich heran und beginnen Sie, mit ihm zu arbeiten.

1. Füllen Sie die Sphäre mit silbrig weißer Farbe aus.

2. Setzen Sie das Wort „Retterzelle" sowie das Symbol der Ewigkeit (8) und der Unendlichkeit (∞) ein.

3. Wenn Sie eine konkrete Erkrankung haben, dann setzen Sie die dieser Erkrankung entsprechende Zahlenreihe in die Retterzelle ein. Lassen Sie sie sehr hell in violettem Licht erstrahlen. Jetzt ist sie bereit.

4. Führen Sie diese Zelle zwecks Wiederherstellung gedanklich in das kranke Organ ein und leiten Sie sie im Uhrzeigersinn durch das Organ.

5.   Beobachten Sie, wie die lebendige Retterzelle beginnt, sich zu vermehren und das Organ wiederherzustellen (stellen Sie sich vor, dass das Organ violett aufleuchtet). Es ist das gesunde Organ – DIE NORM.

Stellen Sie sich das Organ in seiner natürlichen Farbe vor (so wie es zum Beipiel in einem medizinischen Fachbuch zu sehen ist).

Auf der Informationsebene kann man alles machen – etwas schaffen und etwas beleben, und diese Informationen steigen dann hinab auf die körperliche Ebene.

Die wirksamste Zeit für diese Arbeit ist zwischen 22.00 und 23.00 Uhr (Moskau-Zeitrechnung).

In diesem Zeitfenster partizipieren Sie an der Unterstützung von Grigori Grabovoi auf der Informationsebene.

Wenn Sie nicht in diesem Zeitrahmen dazu kommen, dann verschieben Sie das Zeitfenster gedanklich auf einen früheren Zeitpunkt. Arbeiten Sie so lange weiter, bis Sie sehen, dass das Organ wiederhergestellt ist.

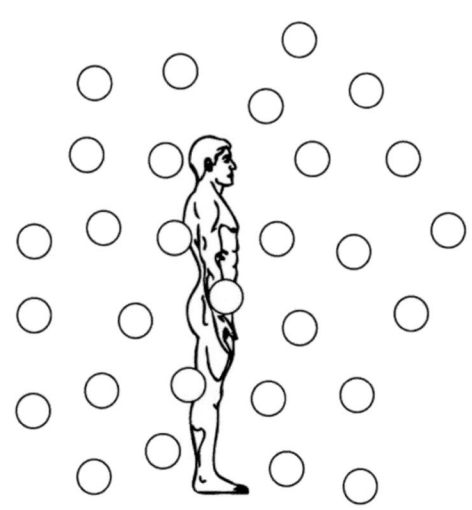

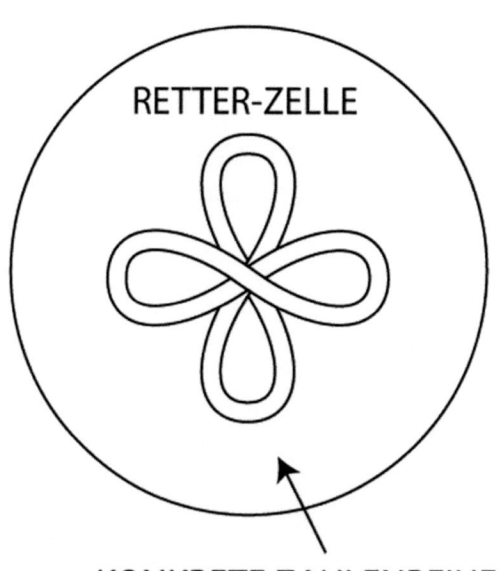

RETTER-ZELLE

KONKRETE ZAHLENREIHE

Wiederherstellung der Wirbelsäule

1.   Wir konzentrieren uns auf unsere Wirbelsäule. Entlang dieser schreiben wir imaginär mit Licht das Wort **„NORM"** zur Unterstützung des Heilungsprozesses insgesamt.

2.   Neben das **rechte Hüftgelenk** stellen wir (mental) eine Lichtsphäre (Sphäre 1), in die wir die Information *„volle Wiederherstellung meiner Wirbelsäule"* eintragen. Jetzt sehen wir eine hell leuchtende Verbindung zwischen dieser Sphäre und der „Norm" entlang der Wirbelsäule, weil von der Sphäre aus die Information hell leuchtend durch unseren Körper in Richtung der „Norm" strahlt. (Da Probleme mit der Wirbelsäule eigentlich immer Probleme des gesamten Organismus sind, fühlen wir, wie das strahlende Leuchten unseren gesamten physischen Körper erfasst und dabei wiederherstellt.)

3.   Wir stellen eine weitere Lichtsphäre (Sphäre 2) neben das **rechte Kniegelenk**, und zwar mit der gleichen Information: *„volle Wiederherstellung meiner Wirbelsäule"*. Wieder entsteht eine hell leuchtende Verbindung dieser Sphäre mit der „Norm" entlang der Wirbelsäule. Das strahlende Leuchten mit der enthaltenen Information steigt vom Knie über den Oberschenkel, durch alle Organe und zur „Norm" entlang der Wirbelsäule.

4.   Dann stellen wir eine dritte Lichtsphäre (Sphäre 3) neben unser **rechtes Fußgelenk**, diesmal allerdings mit der Information **„volle Wiederherstellung meines Organismus"**. Diese Sphäre ist mit silbrig-weißem Licht gefüllt.

Wir sprechen (mental) aus:

45

„Volle Wiederherstellung meines Organismus, zur Norm des Schöpfers!"

Ein starkes Leuchten, gefüllt mit der Information aus der Sphäre, beginnt, vom Fußgelenk aus, durch Unterschenkel und Oberschenkel hinauf in den Körper zu steigen. Es erfasst die Geschlechtsorgane, das Verdauungssystem, die Leber, die Milz, die Nieren und die Bauchspeicheldrüse. Auch die Lungen werden durch und durch von diesem Leuchten erfasst. Es verbindet sich mit der „Norm" entlang der Wirbelsäule und steigt weiter hinauf – über die Schilddrüse und den Hals bis zum Gehirn und zur **Hypophyse**. Diese wird so intensiv beleuchtet, dass eine kleine **silbrig-weiße Sphäre** in der Hirnmitte entsteht, und zwar genau dort, wo sich ursprünglich der Schädel gebildet hat.

5.   Aus unserer rechten Gehirnhemisphäre entsteht ein **strahlender Lichtbogen in die linke Hemisphäre**. In der rechten Hemisphäre befindet sich die gesamte Information darüber, wie wir unseren Körper gesund erhalten sollen.

6.   Die linke Hemisphäre beginnt entsprechend, die erhaltene Information zu „verarbeiten" und an **das gesamte endokrine System** weiterzuleiten. Dieses System, das für die Steuerung unseres Stoffwechsels zuständig ist, produziert die notwendigen **Hormone**, um unseren Körper wieder vollständig herzustellen und ihn sogar zu verjüngen. Unser Körper funktioniert jetzt wieder entsprechend der **Norm des Schöpfers**.

7.   Wir registrieren das aktuelle **Datum** und die **Zeit** und schicken diese Information – ab jetzt - in die **Unendlichkeit**.

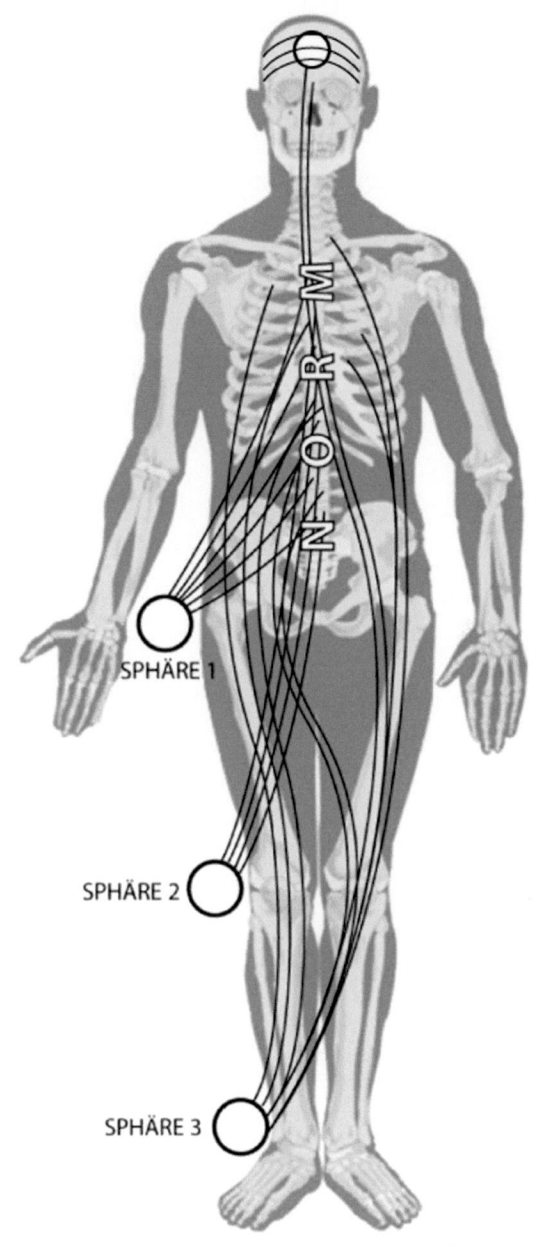

SPHÄRE 1

SPHÄRE 2

SPHÄRE 3

DIE ARBEIT MIT DER WIRBELSÄULE

47

Methode zur geschäftlichen Harmonisierung

- Die Zahl für die Normalisierung der Finanzsituation ist: 71427321893

Und die Zahl zur Lösung allgemeiner Fragen und Probleme lautet: 212309909

Bei der Konzentration auf Zahlenreihen umgeben Sie sich mit der Zahlenreihe: Legen Sie sie in Ihre Geldbörse, Ihren Pass oder Ihre Unterlagen. Stellen Sie sich die Zahlenreihe in Ihrem Büro oder in Ihrer Wohnung vor.

Methode zur Lösung verschiedener Situationen

Etwa 50 cm von unserem Körper entfernt befindet sich eine Säule aus geistigem Licht, die alle Informationen über die Schöpfung in sich trägt.

• Ich spreche aus:

„Allgemeine Rettung und harmonische Entwicklung!"

• Dann stelle ich mir detailliert eine Situation oder ein Ergebnis vor, welches ich in meinem Leben erreichen (harmonisieren) möchte.

• Diese Information stelle ich geistig in den Lichtstrom des Schöpfers (ca. 50 cm vor dem Körper) und biege diesen – Lichtstrom mit Information – zu einem Bogen, sodass das Zentrum meiner Information zum höchsten Punkt der Krümmung fließt.

- Hier halte ich die Information für den Augenblick meiner Konzentration fest und lasse sie dann wieder los, indem ich den Bogen entspanne und meine Information mit meinen Wünschen in den Lichtstrom des Schöpfers sende bzw. „entlasse" (los lasse).

- So wird meine Information wie ein Blitz in die Realität transportiert und in ein Ergebnis umgewandelt.

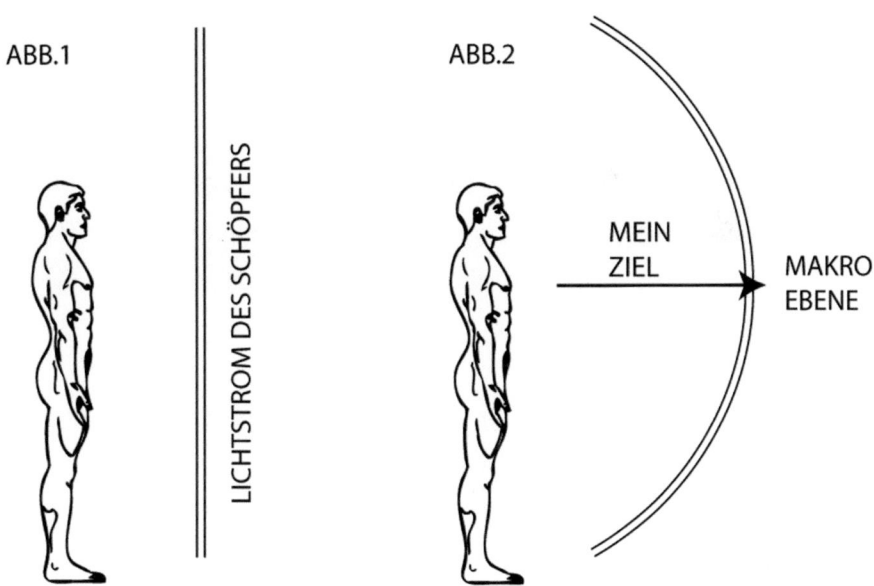

Technologie des Auswegs aus Problemzuständen

Alle Probleme des Menschen haben einen Konzentrationspunkt, der sich 2 cm vor dem physischen Körper auf der Höhe des dritten Auges befindet. Es handelt sich um eine Sphäre mit einem Radius von 2 cm, und sie ist, wie schon erwähnt, 2 cm vom Körper entfernt.

In dieser Sphäre befindet sich die informative Quelle der Probleme. Dies ist der Punkt der Verdichtung aller Probleme. Mancher Mensch sagt, dass er aufgrund seiner Probleme schon Kopfschmerzen hat und reibt sich dabei die Stirn. Und dieser Prozess der Verdichtung des Problems drückt tatsächlich auf die Körperstruktur des Menschen. Aber der Mensch hat noch eine Sphäre, (das obere informative Zentrum), diese Sphäre ermöglicht ihm, diese Probleme zu steuern sie befindet sich senkrecht über dem Kopf, 2 cm entfernt. Eine Sphäre mit dem Radius von 5 cm. Sie besteht aus sieben Segmenten. Das erste Segment ist in Richtung der Nase ausgerichtet. Wenn man die Information, die dem Problem entspricht, mit der Information dieses Segments zusammenstellt löst sich dieses Problem auf.

Diese Technologie wenden wir an, wenn wir nur wenig Zeit haben und eine schnelle Lösung des Problems wichtig ist.

Diese Technologie ermöglicht es nicht nur, sich von Problemen zu befreien, sondern sie hilft uns auch noch dabei, deren Sinn zu verstehen. Wenn wir verstehen, was warum geschieht und geschehen ist, können wir unsere Taten, Gedanken und Einstellungen neu bewerten und umdenken.

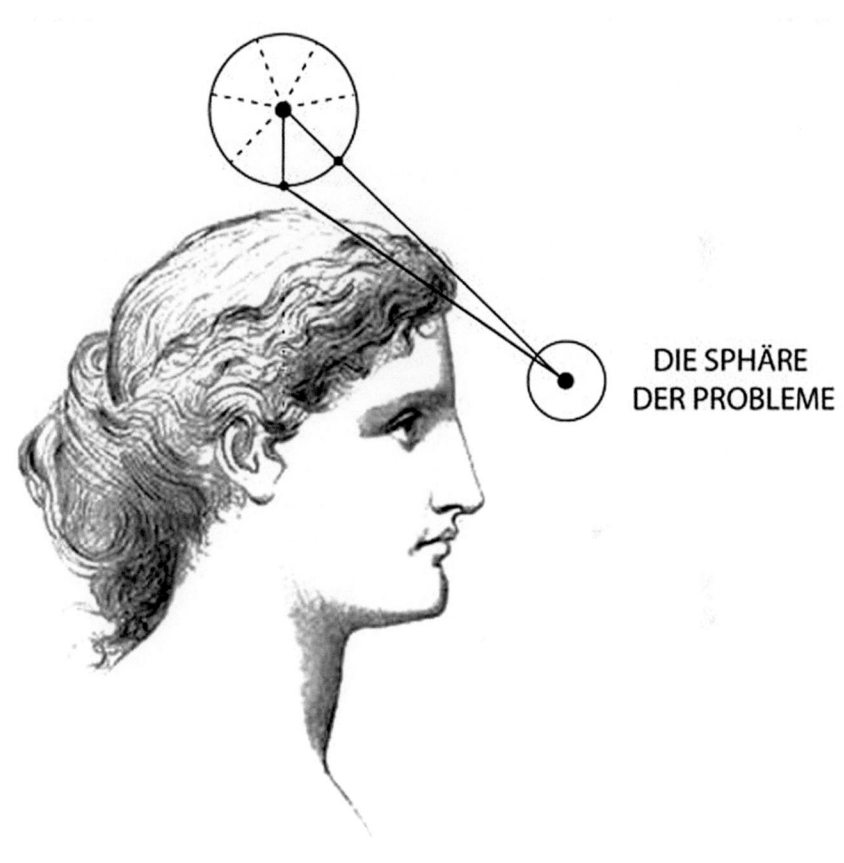

DIE SPHÄRE
DER PROBLEME

Wiederherstellung von paarweise vorhandenen Organen

1.Wir breiten unsere Arme vor uns aus, sodass die Finger beider Hände zueinander zeigen und wir die Innenseite unserer Hände sehen.

2.Wir konzentrieren uns zunächst auf den Zeigefinger unserer linken Hand

3.Dann übertragen wir mit einem bewussten „Augenblick" (optische Unterstützung) einen Impuls auf den Zeigefinger der rechten Hand.

4.Danach übertragen wir den Impuls weiter

a)   vom rechten Zeigefinger auf den linken kleinen Finger
b)   vom linken kleinen Finger auf den rechten kleinen Finger
c)   vom rechten kleinen Finger auf den linken Ringfinger.

Versuchen Sie jetzt zu spüren, was in Ihrem Körper vorgeht. Sie haben bereits einen Zustand geistiger Steuerung erreicht!

5.Jetzt übertragen Sie den Impuls auf den Ringfinger der rechten Hand.

Während dieser Übung entstehen neue Zellen, die Verjüngung und/oder Regeneration der paarweise vorhandenen Organe setzt ein und die Funktion der Gehirnzellen wird zusätzlich aktiviert.

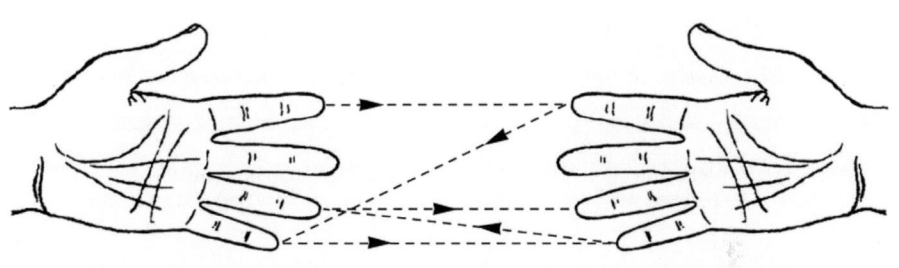

LINKE HAND   **RECHTE HAND**

LINKE HAND   **RECHTE HAND**

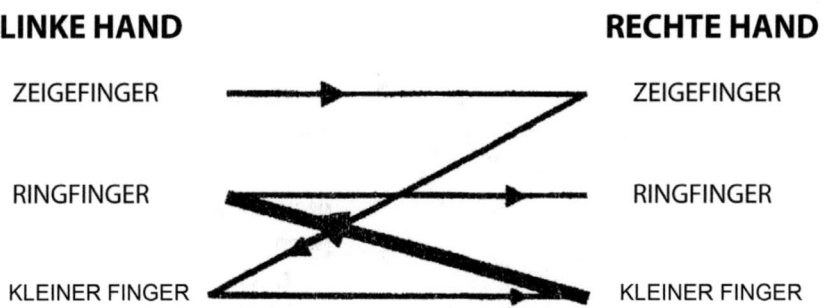

ZEIGEFINGER   ZEIGEFINGER

RINGFINGER   RINGFINGER

KLEINER FINGER   KLEINER FINGER

Diagnostik durch Konzentration auf bestimmte Körpersegmente

Das „Scannen" des Organismus durch visuelle Beobachtung funktioniert so, dass wir zunächst den Körper mental in 10 einzelne Segmente aufteilen. Die Segmente korrespondieren mit den zehn Fingern unserer Hände.

Beim kleinen Finger der linken Hand und den Beinen beginnend und beim rechten kleinen Finger und beim Oberteil des Kopfes endend, teilen wir den Organismus mental auf zehn Teile auf (siehe Grafik).

Anschließend konzentrieren wir uns auf die Finger unserer Hände. Der Finger oder Daumen, indem wir als erstes eine Empfindung (Kribbeln, Hitze, Vibration, Hautreaktion, generelle Aufmerksamkeit) wahrnehmen, ist derjenige, auf den wir uns im Weiteren konzentrieren. Wir vergleichen mit der Grafik und übertragen unsere Konzentration entsprechend der Logik der Grafik auf das entsprechende Segment des Organismus.

Bei weiterer Detaillierung kann man ein Organ, eine Zelle oder ein Mikroelement in diesem Segment bestimmen. Der Finger, der uns eine Empfindung übermittelt , spiegelt eine Veränderung im entsprechenden teil des Körpers wider.

Mittels dieser Konzentration kann man eine Diagnostik auf Informationsebene durchführen. Diese Konzentrationsübung können Sie zum Beispiel vorbeugend auch einmal pro Woche durchführen.

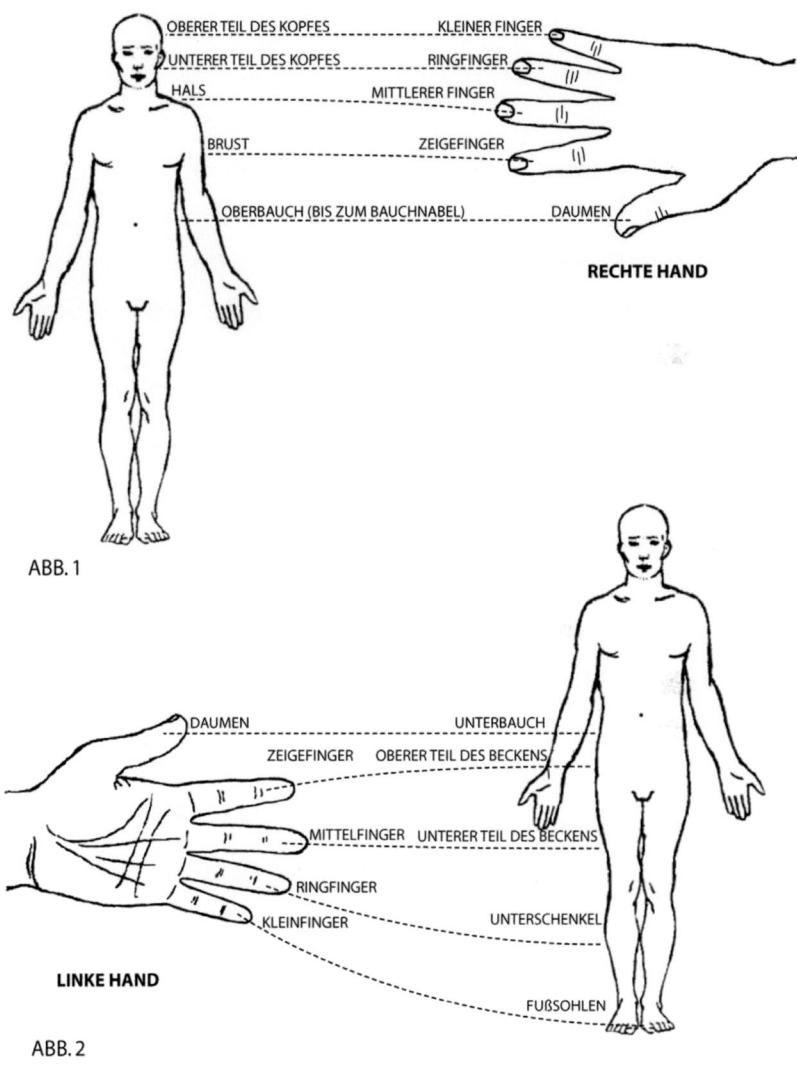

OBERER TEIL DES KOPFES — KLEINER FINGER
UNTERER TEIL DES KOPFES — RINGFINGER
HALS — MITTLERER FINGER
BRUST — ZEIGEFINGER
OBERBAUCH (BIS ZUM BAUCHNABEL) — DAUMEN

RECHTE HAND

ABB. 1

DAUMEN — UNTERBAUCH
ZEIGEFINGER — OBERER TEIL DES BECKENS
MITTELFINGER — UNTERER TEIL DES BECKENS
RINGFINGER
KLEINFINGER — UNTERSCHENKEL
FUßSOHLEN

LINKE HAND

ABB. 2

Schutzmethode

Aufgabe dieser Methode:

Umwandlung der Realität, bevor die Hellsichtigkeit ein Problem in der Zukunft fixiert hat. Das bedeutet, dass wir im System der „allgemeinen Rettung …" nach Grabovoi immer die „Norm" oder Umwandlung der Information zur „Norm" haben sollen - im Bezug zu jeder Krankheit, zu jeder Situation, die in unserem Leben eintreten kann, bzw. die wir umwandeln wollen.

Es gibt das Prinzip der Arbeit mit dem Bewusstsein, dieses Prinzip basiert auf der Erschaffung teilsphärischer (1/3 der Sphäre) Segmente die die mögliche negative Information reflektieren können. Das bedeutet, dass mögliche negative Informationen bereits vor ihrer Realisierung „abgeschoben" (reflektiert) werden.

Beschreibung:

• Wir stellen uns zunächst eine Sphäre in Form z. B. eines Fußballs vor. Diesen „Fußball" teilen wir mental in drei gleichgroße Teile (siehe Grafik), die inneren Flächen dieser Teile reflektieren die negative Information.
• Zwei Teile verwenden wir und platzieren sie so auf unseren Knien, das die reflektierenden Innenseiten nach außen zeigen.
• Das Signal einer Information erreicht uns zuerst auf Knieebene, auf der wir die Reflektoren platziert haben und dann bekommen wir von dort entweder zur Norm reflektierte Information oder, anders ausgedrückt, zur Norm umgewandelte Information gelangt an unser Gehirn.

Begründung:

Durch die Bewegung unserer Beine gelangen wir in die Zukunft, bei der Bewegung der Beine geraten die gebeugten Knie als erste in unsere Zukunft, deshalb erreicht uns Information, die immer aus der Zukunft kommt, als erstes auf der Ebene der Knie.

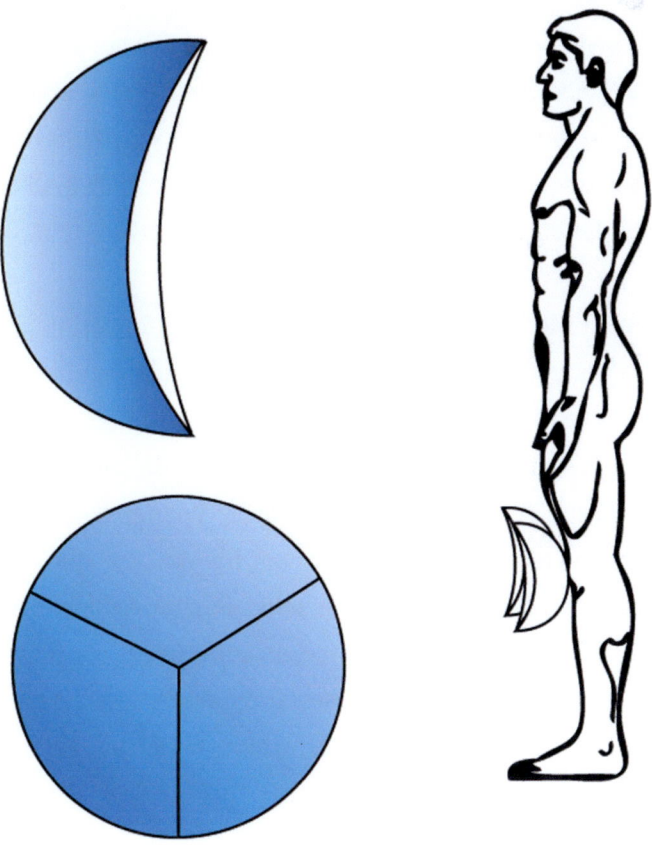

Grigori Grabovoi

Grigori Grabovoi wurde am 14. November 1963 im Dorf Bogara im Bezirk Kirov in Kasachstan geboren. Er hat sein Studium der Mechanik an der Tashkenter Staatlichen Universität (Fakultät der angewandten Mathematik und Mechanik) 1986 abgeschlossen.

Er ist Mitglied der Internationalen Akademie für Information. zudem ist er Mitglied der Russischen Akademie der Wissenschaften, war zeitweise Berater des russischen Bundesflugdienstes und er ist der Autor verschiedener Schriften zur Entdeckung des kreativen Feldes des Gebietes der schaffenden Information, die jeden Informationsgegenstand, Modelle an jedem Platz des Raum-Zeit-Kontinuums begreifen.

Er entdeckte auch Methoden der Konvertierung der Information jeder Tat in eine bekannte geometrische Form sowie Grundsätze der Ferndiagnostik und Regeneration.. Er hat außerdem eine einzigartige Fähigkeit der Hellsichtigkeit, der Vorhersage, und er verfügt über das Wissen von Heilmethoden. Mithilfe seiner Hellsichtigkeit behebt er wissenschaftliche Probleme. Mithilfe seiner Hellsichtigkeit „untersuchte" er Hunderte von Flugzeugen, die Raumstation „Mir" oder das Raumschiff „Atlantis" – seine Ergebnisse stimmten absolut mit den späteren Untersuchungen der Mechaniker überein. Er führt Arbeiten durch, die darauf ausgerichtet sind, Katastrophen durch eine zerstörungsfreie Entwicklung zu verhindern und er erklärt, wie man Objekte für die Rettung kontrollieren kann.

Das SVET-Zentrum der geistigen Technologien
(Private Academy for the Human Being)

Ziel und Aufgabe des Zentrums ist die Verbreitung der Lehre von Grigori Grabovoi, über die Rettung und ewige harmonische Entwicklung aller Menschen.

SVET vermittelt Wissen über die Seele, den Geist und das Bewusstsein.

Auf der Grundlage der Lehre der „allgemeinen Rettung" werden Technologien zur Wiedervereinigung des Menschen mit dem Schöpfer, über alle Strukturen hinweg, gegeben.

Es werden geistige Technologien zum Verständnis über den Aufbau des ewigen physischen Körpers vermittelt. Jeder Mensch kann so grundsätzlich die gegebenen Technologien erlernen.

Das Zentrum bietet Weiterbildung und Korrektur der Gesundheit durch dieses Wissen.

SVET unterrichtet, Gesetzmäßigkeiten der uns umgebenden Ereignisse zu sehen und selbständig seine Gesundheit wieder herzustellen. Denn von unserem Gesichtspunkt aus gibt es keine unheilbaren Krankheiten.

Svetlana Smirnova

Die Neurologin und Homöopathin Svetlana Smirnova wurde in Omsk (Sibirien) geboren. Sie absolvierte die staatliche medizinische Fachhochschule und arbeitete anschließend zehn Jahre als Ärztin in der neurologischen Abteilung der staatlichen Klinik in Omsk. Seit 1995 lebt sie in Hamburg und gründete hier mit Sergey Jelezky Das SVET-Zentrum der geistigen Technologien. Ihr Wissen gibt sie weltweit in Seminaren und Workshops weiter.

Sergey Jelezky

Ist diplomierter Kunstmaler und Designer, studierte an der Technologischen Fachhochschule in Omsk und arbeitete anschließend im eigenen Atelier in Omsk und Hamburg. Zusammen mit Svetlana Smirnova besuchte und lernte er beim „Fond A. N. Petrov", (Heilseher-Schule), „Geovoyager" (Strukturierung des Bewusstseins)*, Das Zentrum der geistigen Technologien „die Hoffnung", N. A. Koroleva und W. A. Korolev *, Das Zentrum der geistigen Technologien „Arigor", I. W. Arepjev * (*Moskau).

Literaturverzeichnis:

- „Konzentrationsübungen", Grigori Grabovoi
ISBN: 978-3-943110-31-9

- „Wiederherstellung des menschlichen Organismus durch Konzentration auf Zahlen", Grigori Grabovoi
ISBN: 978-3-9811098-4-9

- „Vereinheitlichtes System des Wissens", Grigori Grabovoi
ISBN: 978-3-942791-01-4

- Vorlesungen von Grigori Grabovoi

Notizen

Notizen

Notizen

Die Steuerung. Die Konzentration. Das Denken.

In dieser Lehre als Element der Steuerung tritt an erste Stelle die Aufgabe der Rettung Aller durch die Technologie der Nutzung verschiedener Elemente der Steuerung auf: die Seele, der Geist, das Bewusstsein, der physischen Körper und so weiter.

Diese Lehre begreifend, kann jeder Mensch der Herr seines Schicksals werden. Der angebotene Kurs des Seminars schließt verschiedene Methoden der Steuerung der Ereignisse, des eigenen Lebens (Innere und Äußere Ereignisse) ein, wohin auch die Wiederherstellung der Gesundheit eingeht, zulassend, das eigene Bewusstsein auszudehnen und zu lernen, die uns umgebende Realität zu steuern.

Wir möchten klarstellen, dass die Methoden der Konzentrationen des Bewusstseins eben als Methoden der Konzentrationen gibt, und nicht der Meditationen. Der Unterschied besteht in Folgenden: bei bestimmten Meditation ist es erforderlich, den Prozess des Denkens abzuschalten und, zu versuchen sich im umgebenden Raum aufzulösen und mit ihm zu verschmelzen, und die Konzentrationen nach unseren Methoden vermuten gerade das Vorhandensein während der Konzentrationen des Prozesses des Denkens, aber nur des richtigen Denkens und durch das Denken, durch die Konzentration auf der Aufgabe, an der Sie arbeiten, wird eben das Ziel der Steuerung erreicht. Die Einstellung während der Arbeitszeit an seinen Aufgaben auf das allgemeine Wohl beschleunigt den Prozess der Errungenschaft des Ergebnisses. Das richtige Denken bedeutet in jeder unserer Handlungen, in jeder Situation die grenzenlose Liebe Gottes zu uns zu sehen. Erinnern Sie sich! Alles was gemacht wird, geschieht zum Besten. Wenn wir beginnen werden, zu verstehen, dass alle Ereignisse im Leben zu einem bestimmten Ziel geschehen, wobei im globalen Maßstab gibt es nur ein einziges Ziel — unsere ewige Entwicklung, so werden wir verstehen, dass alles und immer zu unserem Besten geschieht, da in jeder unserer Handlung die Handlung des Schöpfers anwesend ist. Und die Handlung Gottes ist Seine Liebe, die persönlich zu jedem und zu Allen zusammen gerichtet ist. Die Anwesenheit der Liebe Gottes in jedem Ereignis lässt maximal zu, die möglichen negativen Folgen unsere nicht schöpferischen Handlungen (negative Gedanken, Wörter, Gefühle, Emotionen) zu minimieren. Eben so kann man die Empfehlung entziffern: Danken Sie Gott für alles Gute und Schlechte. In schwersten Minuten unseres Lebens trägt Er uns auf seinen Händen. Wenn man das Niveau der Entwicklung unseres Bewusstseins berücksichtigt, so sind alle ungünstigen Ereignisse, einschließlich die Krankheiten- Lehren, die wir mit Ihnen für die Strukturierung unseres Bewusstseins und der erfolgreichen Realisierung der Aufgabe Gottes — der ewigen harmonischen Entwicklung des Menschen und der ganzen ihn umgebenden Realität durchgehen müssen.

Vorträge:

Die Ausbildung auf den Seminaren und Vorlesungen erfolgt nicht nur verbal über Worte und deren Inhalt, sondern auch auf der Ebene der Seele. Das, was der Mensch auf der Ebene des Bewusstseins nicht versteht, versteht er auf der Ebene der Seele. Die Seele nimmt das Wissen wahr und zeigt es später als Ergebnis auf der physischen Ebene. Das heißt, dem Menschen braucht man bei dieser Methodik nur zu erklären, wie etwas geschieht und auf der Ebene der geistigen Strukturen wird es zum inneren Wissen.

Das Licht des Wissens nimmt jeder Mensch wahr, unabhängig von seinem Bewusstsein. Mit diesem Wissen und den Methoden zur Anwendung kann jeder Mensch sich selbst und Anderen helfen Gesundheit wiederzuerlangen und Ereignisse zu harmonisieren.

Seit 2000 arbeiten wir praktisch mit dieser Lehre, entwickeln sie und uns weiter und vermitteln ständig alle Erkenntnisse an interessierte Menschen. Alle Methoden und Techniken sind durch persönliche Erfahrungen geprüft und bestätigt. Wir stehen auch in Verbindung mit den Instituten in Russland, um neue Erkenntnisse in unsere Arbeit zu integrieren.